BEI GRIN MACHT SICH IHR WISSEN BEZAHLT

- Wir veröffentlichen Ihre Hausarbeit, Bachelor- und Masterarbeit

- Ihr eigenes eBook und Buch - weltweit in allen wichtigen Shops

- Verdienen Sie an jedem Verkauf

Jetzt bei www.GRIN.com hochladen
und kostenlos publizieren

Typen von NoSQL-Datenbanken und mögliche Anwendungsbereiche

Martin Graf-Ziller

Bibliografische Information der Deutschen Nationalbibliothek:

Die Deutsche Nationalbibliothek verzeichnet diese Publikation in der Deutschen Nationalbibliografie; detaillierte bibliografische Daten sind im Internet über http://dnb.d-nb.de abrufbar.

ISBN: 9783346739117
Dieses Buch ist auch als E-Book erhältlich.

Seminararbeit

Studiengang: M.Sc. Wirtschaftsinformatik

Typen von NoSQL-Datenbanken

I. Inhaltsverzeichnis

	Seite
II. Abbildungsverzeichnis	III
III. Abkürzungsverzeichnis	III
1. Einleitung	1
1.1 Ausgangssituation	1
1.2 Zielsetzung	2
1.3 Vorgehensweise	2
2. Theoretischer Hintergrund zu NoSQL	2
2.1 Begriff	2
2.2 CAP-Theorem	4
2.3 ACID und BASE	5
2.4 Einordnung in Big Data	6
3. Mögliche Anwendungsbereiche von NoSQL-Datenbanktypen	8
3.1 Key-Value Stores	8
3.2 Document Stores	9
3.3 Wide-Column Stores	10
3.4 Graphdatenbanken	11
4. Schlussbetrachtung	12
Literaturverzeichnis	14

II. Abbildungsverzeichnis

Seite

Abb. 1: Einordnung von verschiedenen Datenbanksystemen hinsichtlich des CAP-Theorems   4

Abb. 2: NoSQL im Kontext von Big Data   7

Abb. 3: Beispiel für einen Key-Value Store   8

Abb. 4: Ausschnitt eines Wide-Column Stores am Beispiel eines Onlineshops   11

III. Abkürzungsverzeichnis

ACID	Atomicity, Consistency, Isolation, Durability
ANSI	American National Standards Institute
BASE	Basically Available, Soft-state, Eventually consistent
BSON	Binary JSON
CAP	Consistency, Availability, Partition Tolerance
DBMS	Datenbankmanagementsystem
ERP	Enterprise Resource Planning
IKT	Informations- und Kommunikationstechnik
IoT	Internet of Things
IT	Informationstechnik
JSON	JavaScript Object Notation
NoSQL	Not only SQL
SQL	Structured Query Language
XML	Extensible Markup Language

1. Einleitung

1.1 Ausgangssituation

Das Leistungsvermögen der Informationstechnik hat in den letzten Jahren und Jahrzehnten stark zugenommen. Damit einhergehend fand auch eine Zunahme der Vernetzung und der Nutzung von IT-Systemen statt. Begünstigt wurde diese Entwicklung auch durch abnehmende Kosten in der Beschaffung von elektronischen Geräten, z.B. von Servern, Smartphones und Netzwerkkomponenten, sowie der fortschreitende Ausbau der IT-Infrastruktur. Die zunehmende Leistungsfähigkeit der Informationstechnik und die Zunahme der Vernetzung haben auch Veränderungen in der Art und Weise, wie in Gesellschaft und Wirtschaft miteinander kommuniziert wird, zur Folge. Diese Veränderungen in der Kommunikation finden aufgrund der Globalisierung und des technologischen Fortschritts weltweit statt (vgl. Kollmann 2019, S. 6-8). Zudem werden auch viele Kommunikationswege und Prozesse zunehmend digitalisiert. Diese Entwicklung wird dabei ebenfalls durch abnehmende Beschaffungskosten von Speicherhardware und von Infrastrukturkomponenten begünstigt, da die Speicherung von digitalen Informationen eine Grundvoraussetzung darstellt. Durch die steigende Menge an verfügbarem Speicherplatz können daher mehr Daten und Informationen abgespeichert und somit jederzeit abgerufen, ausgewertet und weiterverarbeitet werden. Die abgespeicherten Daten und Informationen können zudem mittels dem Einsatz von IKT (Informations- und Kommunikationstechnik) an verschiedene Stellen weitergeleitet und von dort aus ebenfalls weiterverarbeitet und übertragen werden (vgl. Becker et al. 2020, S. 12-14).

Die Zunahme der Ausbau der IT-Infrastruktur, der Digitalisierung und der Leistungsfähigkeit der Informationstechnik sowie sinkende Beschaffungskosten von elektronischer Hardware führen dabei zu einer signifikanten Zunahme der Datenmenge und der Datenvielfalt. So fallen beispielsweise beim Versenden von Fotos und von Textnachrichten über Smartphones oder bei der Übertragung von Sensordaten einer Produktionsmaschine viele Daten an, welche die gesamte Datenmenge weiter ansteigen lassen. Diese Daten liegen zudem in unterschiedlichen Strukturiertheitsgraden vor. Die Daten, die täglich neu zur Datenmenge hinzukommen, liegen dabei zu etwa 90 Prozent in unstrukturierter Form vor. Unstrukturierte Daten können beispielsweise Fotos, Posts in sozialen Netzwerken, Röntgenbilder und Videos sein (vgl. Kollmann 2020a, S. 12f). In diesem Kontext fällt dabei häufig der Begriff Big Data. Mittels Big-Data-Technologien können diese Datenmengen bewältigt, verarbeitet und ausgewertet werden. Dadurch ergeben sich sowohl in der Gesellschaft auch als auch in der Wirtschaft vielfältige Möglichkeiten zur Informationsgenerierung und Effizienzsteigerung. Der Einsatz von Big-Data-Technologien führt in Unternehmen dabei häufig zu Produktivitätssteigerungen, weshalb Big Data auch einen Wettbewerbsfaktor darstellt. Da die großen, zu bewältigenden Datenmengen häufig in unstrukturierter Form vorliegen, sind hierfür allerdings auch leistungsfähige Konzepte und Technologien erforderlich, wie beispielsweise NoSQL-Datenbanken (vgl. Müller, Fay & Vom Brocke 2018, S. 491f). In einigen Anwendungsfällen können NoSQL-Datenbanken dementsprechend von großer Bedeutung sein.

1.2 Zielsetzung

Vor diesem Hintergrund besteht das Ziel der Arbeit darin, den Begriff NoSQL theoriegeleitet herauszuarbeiten und zu bestimmen. Zudem soll NoSQL dabei im Kontext von Big Data eingeordnet werden. Des Weiteren sollen die verschiedenen Typen von NoSQL-Datenbanken sowie deren Eigenschaften dargelegt und erörtert werden. Dabei sollen auch mögliche Anwendungsbereiche der verschiedenen Typen von NoSQL-Datenbanken aufgezeigt werden. Hierbei sollen die NoSQL-Datenbanktypen auch hinsichtlich ihrer Eignung für die möglichen Anwendungsbereiche diskutiert werden.

Die exakte technische Umsetzung von NoSQL in Unternehmen und Institutionen soll in dieser Arbeit allerdings nicht betrachtet werden, da die detaillierte, technische Umsetzung von NoSQL-Datenbanken je nach Anwendungsfall individuell und auch komplex gestaltet ist und somit deutlich über den Umfang dieser Arbeit hinausgehen würde.

1.3 Vorgehensweise

Zu Beginn der Arbeit werden in Kapitel eins die Ausgangsituation, die Zielsetzung sowie die Vorgehensweise der Arbeit dargelegt. Danach wird in Kapitel zwei der Begriff von NoSQL theoriegeleitet herausgearbeitet und bestimmt. Zudem werden in Kapitel zwei das CAP-Theorem und Eigenschaften von Datenbanktransaktionen näher betrachtet. Hierbei werden ACID-Eigenschaften und BASE-Eigenschaften von Datenbanktransaktionen erörtert. Darüber hinaus findet eine Einordnung von NoSQL in Big Data statt. Weitergehend werden in Kapitel drei die vier verschiedenen NoSQL-Datenbanktypen sowie deren Eigenschaften dargelegt und erörtert. Hierbei werden auch mögliche Anwendungsbereiche der verschiedenen NoSQL-Datenbanktypen diskutiert. Abschließend werden die Ergebnisse der Arbeit in Kapitel vier in einer Schlussbetrachtung resümiert.

2. Theoretischer Hintergrund zu NoSQL

2.1 Begriff

NoSQL-Systeme, die auch als solche bereits bezeichnet wurden, existieren schon seit Ende der 1990er Jahre. Seitdem entwickelten sich im Laufe der Zeit vielfältige Produkte und Konzepte im Bereich der Datenbanken, die dem Begriff NoSQL zugeordnet werden, wie beispielsweise die Datenbank Cassandra vom Softwarehersteller Apache und die Open-Source-Datenbank Redis. Dementsprechend existiert in der Fachliteratur keine einheitliche, exakte Abgrenzung des Begriffs NoSQL, da viele Datenbankprodukte und Datenbankkonzepte mit teils recht unterschiedlichen Funktionalitäten unter dem Begriff NoSQL subsummiert werden (vgl. Lechtenbörger & Vossen, S. 207-211). Im Wesentlichen werden unter dem Begriff NoSQL alle Datenbanktypen zusammengefasst, deren zugrundeliegendes Datenmodell nicht relational ist. Auf diese Weise sollen NoSQL-Datenbanken die performante Verarbeitung von in großer Menge vorliegenden und heterogen strukturierten Daten ermöglichen, die mittels traditionellen, relationalen Datenbanksystemen nicht verwaltet werden könnten. NoSQL steht dabei für Not only SQL, wobei SQL für Structured Query Language steht (vgl. Volk, Staegemann & Turowski 2020, S. 1042f). Dementsprechend sollen NoSQL-Systeme re-lationale Datenbanksysteme nicht verdrängen, sondern eine performantere Lösung für große, un-strukturierte Datenmengen darstellen. Das relationale Datenbankmodell ist dagegen das am weitesten verbreitete Datenbankmodell. Ein Datenbankmodell definiert dabei, wie Daten in einem Daten-banksystem gespeichert und modifiziert werden können. Bei einem relationalen Datenbankmodell werden die Daten in mathematisch beschriebenen Tabellen, welche untereinander in verschiedenen Beziehungen stehen, verwaltet (vgl. Krcmar 2015, S. 70). Die in einer Datenbank enthaltenen Daten können dabei mittels einer Datenbanksprache abgefragt werden, die von dem vorliegenden DBMS (Datenbankmanagementsystem) der Datenbank unterstützt wird. Für alle gängigen, relationalen Da-tenbankmanagementsysteme kann dabei die Datenbanksprache SQL verwendetet werden, die durch das ANSI (American National Standards Institute) genormt wurde und heutzutage auch die bekannteste Datenbanksprache für relationale DBMS ist. Die Datenbanksprache SQL wird heutzu-tage zur Datendefinition, zur Datenabfrage, zur Datenmanipulation und zur Datenüberwachung mit-tels der Verwendung von SQL-Befehlen genutzt. Auf diese Weise können beispielsweise mittels Datenmanipulation Tabelleninhalte erzeugt, geändert und gelöscht oder mittels Datenüberwachung Zugriffsrechte vergeben und auch wieder zurückgenommen werden (vgl. Herrmann 2018, S. 63f). Da NoSQL-Systeme keine relationalen Datenbankmanagementsysteme beinhalten, kann die Abfra-gesprache SQL für NoSQL-Datenbanken nicht verwendet werden. Stattdessen stehen für das je-weilige NoSQL-System passende Abfragemöglichkeiten zur Verfügung, beispielsweise speziell ent-wickelte Abfragen für im JSON-Format (JavaScript Object Notation) abgelegte Dokumente (vgl. Ron, Shulman-Peleg & Puzanov 2016, S. 30f).

NoSQL-Datenbanken eignen sich dabei insbesondere für die Verwaltung von großen Mengen an semi-strukturierten und unstrukturierten Daten, wohingegen diese in relationalen Datenbanksyste-men nicht wirtschaftlich und effizient genug verwaltet werden können. Relationale Datenbanksys-teme eignen sich besonders für die Verwaltung von strukturierten Daten (vgl. Bange 2016, S. 109). Strukturierte Daten liegen dabei gemäß einer vorgegebenen Struktur auf einem relationalen Daten-speicher ab und sind eher statischer Natur, wie z.B. Produkt- und Kundenstammdaten, die in einem ERP-System (Enterprise Resource Planning) abliegen. Semi-strukturierte Daten beinhalten statt-dessen nur ein Teil der vorgegebenen Strukturinformation, und liegen ansonsten unstrukturiert vor. Sensorwerte von IoT-Produkten (Internet of Things), die als Schlüssel-Wert-Paare in Form von JSON-Objekten repräsentiert werden, sind ein Beispiel für unstrukturierte Daten (vgl. Giebler et al. 2020, S. 59f). Unstrukturierte Daten liegen hingegen in keiner formalisierten Struktur vor. Dement-sprechend sind beispielsweise Bilder, Videos und Tonaufnahmen unstrukturierte Daten. Zudem stel-len auch frei formulierte Texte, z.B. Arztbriefe, Patientenbefunde und E-Mails mit Patientenkommu-nikation, unstrukturierte Daten dar (vgl. Landrock & Gadatsch 2018, S. 5).

2.2 CAP-Theorem

Um die Verwaltung und Verarbeitung von großen Mengen an heterogen strukturierten Daten bewältigen zu können, wird häufig eine horizontale Skalierung der IT-Infrastruktur angewendet. Bei einer horizontalen Skalierung wird dabei eine große Anzahl an günstigen, leicht austauschbaren Servern genutzt, auf welchen verschiedene Anwendungen zur Verwaltung und Verarbeitung der Datenmenge parallelisiert ausgeführt werden. Im Gegensatz hierzu werden bei einer vertikalen Skalierung verschiedene Hardwarekomponenten eines einzelnen Servers, z.B. Prozessor und Festplattenspeicher, immer weiter aufgerüstet, was neben einer physikalischen Leistungslimitierung aber auch einen großen, finanziellen Aufwand zur Folge hat (vgl. Singh & Reddy 2015, S. 3f).

Abb. 1: Einordnung von verschiedenen Datenbanksystemen hinsichtlich des CAP-Theorems

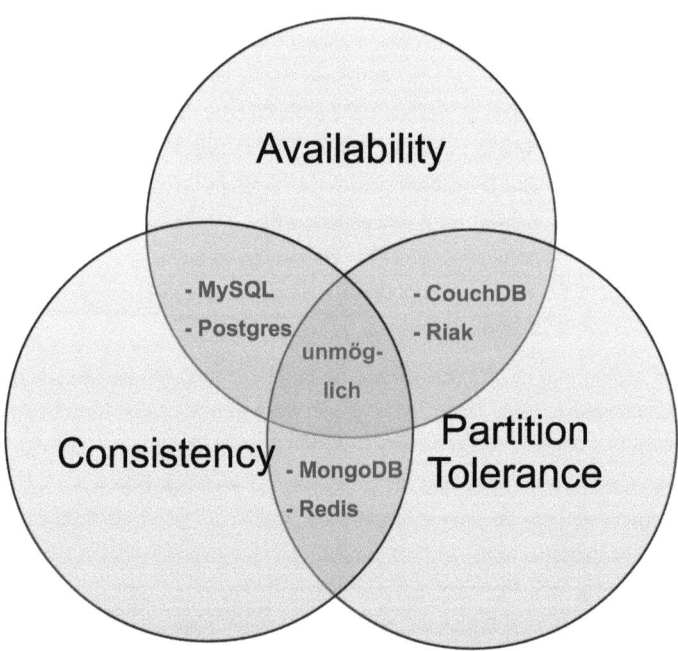

Quelle: Eigene Darstellung in Anlehnung an: Freiknecht & Papp 2018, S. 196f

Die horizontale Skalierung in Form einer parallelen Verteilung von Anwendungen und Prozessen auf mehreren Systemen bringt dabei Schwierigkeiten insbesondere hinsichtlich der Konsistenz mit sich. Das CAP-Theorem (Consistency, Availability, Partition Tolerance) besagt hierbei, dass bei Datenbanksystemen niemals gleichzeitig Konsistenz, Verfügbarkeit und Ausfalltoleranz vollständig erreicht werden können. Stattdessen ist eine Erreichung von maximal zwei der drei Größen möglich, was auch in Abbildung eins aufgezeigt wird. Da NoSQL-Systeme häufig eine hohe Verfügbarkeit und Ausfalltoleranz fordern, ist dementsprechend eine temporäre Lockerung der Anforderungen an die Konsistenz insbesondere während des Partitionierungsvorgangs von Datensätzen notwendig (vgl. Brewer 2012, S. 23f). Im Kontext des CAP-Theorems steht die Konsistenz (Consistency) dabei für einen Zustand, welcher in einem verteilten Datenbanksystem nach dem erfolgreichen Abschluss einer Änderungstransaktion erreicht wird, sodass die durchgeführte Änderung unabhängig vom Ausgangsknotenpunkt im gesamten, verteilten Datenbanksystem übereinstimmend vorhanden ist und somit bei einem Lesezugriff immer die durch die Datenbanktransaktion aktualisierten Werte zurückgeliefert werden. Die Verfügbarkeit (Availability) stellt eine akzeptable Reaktionszeit dar, die je nach Anwendungsfall variieren kann, z.B. die Verzögerung eines Kaufabschlusses in einem Onlineshop aus technischen Gründen. Die Ausfalltoleranz (Partition Tolerance) bezeichnet bei einem verteilten Datenbanksystem die Fähigkeit zur Vermeidung eines kompletten Systemausfalls, wenn einzelne Knoten einer Kommunikationsverbindung des verteilten Datenbanksystem Funktionsstörungen und Ausfälle aufweisen, sodass trotz dieser Ausfälle Anfragen an die Datenbank weiter angenommen und bearbeitet werden können (vgl. Edlich et al. 2011, S. 31f). Wie aus Abbildung eins hervorgeht, existieren allerdings auch NoSQL-Datenbanken, wie beispielsweise MongoDB und Redis, die Konsistenz und Ausfallsicherheit miteinander vereinbaren, was demnach zulasten einer guten Verfügbarkeit geht. Relationale Datenbankmanagementsysteme, z.B. MySQL und Postgres, vereinen hingegen Konsistenz und Verfügbarkeit miteinander, was wiederum zulasten der Ausfalltoleranz geht. CouchDB und Riak sind hingegen Beispiele für NoSQL-Datenbanken, die Verfügbarkeit und Ausfalltoleranz miteinander vereinbaren.

2.3 ACID und BASE

Aufgrund des CAP-Theorems ergeben sich für nicht-relationale Datenbanktransaktionen andere Anforderungen als für relationale Datenbanktransaktionen. Relationale Datenbanktransaktionen sind insbesondere durch ACID-Eigenschaften (Atomicity, Consistency, Isolation, Durability) charakterisiert, die ein zuverlässiges Datenbanksystem mit konsistenten Daten ermöglichen sollen. Die Eigenschaft Atomicity sagt dabei aus, dass Transaktionen entweder vollständig oder gar nicht ausgeführt werden sollen. Consistency steht für eine vollständige Ausführung von Datenbanktransaktionen, ohne dass störende Interferenzen anderer Datenbanktransaktionen die Ausführung der Datenbanktransaktion beeinträchtigt, sodass auch nach der Ausführung der Datenbanktransaktion wieder ein konsistenter Zustand in der Datenbank vorliegt. Die Eigenschaft Isolation bedeutet die isolierte, von anderen Transaktionen unabhängige Ausführung von Datenbanktransaktionen, wohingegen die Eigenschaft Durability für ein dauerhaftes Fortbestehen der vollständig durchgeführten Änderung auf der Datenbank steht und dabei Änderungen nicht durch Fehler verlorengehen (vgl. Elmasri & Navathe 2017, S. 787f). Datenbanktransaktionen in NoSQL-Systemen sind hingegen häufig durch BASE-Eigenschaften (Basically Available, Soft-state, Eventually consistent) charakterisiert, die gerade in verteilten Datenbanksystemen häufig Anwendung finden (vgl. Lechtenbörger & Vossen, S. 210). Die BASE-Eigenschaften gewährleisten dabei eine schwächere Form von Konsistenz als die ACID-Eigenschaften, da bei weit verzweigten und verteilten Datenbanksystemen manche Server beispielsweise aufgrund einer Störung oder Wartung temporär nicht angesprochen werden können. Sobald die entsprechenden Server allerdings wieder erreichbar sind, müssen die Änderungen auch hier wieder vollständig durchgeführt werden, damit insgesamt wieder ein konsistenter Zustand erreicht wird (vgl. Vogels 2009, S. 41-43). Dementsprechend muss mit BASE-Eigenschaften im Gegensatz zu den ACID-Eigenschaften nicht umgehend ein konsistenter Zustand erreicht werden.

2.4 Einordnung in Big Data

NoSQL-Systeme finden insbesondere im Kontext von Big Data Anwendung. Big Data bezieht sich dabei auf große und komplexe Datenmengen, welche von Unternehmen und Behörden gesammelt werden und dabei von traditionellen Systemen zur Erkenntnisgewinnung und Datenverarbeitung nicht zufriedenstellend bewältigt werden können. Aus den gesammelten, großen Datenmengen können mittels geeigneten Werkzeugen und Methoden beispielsweise bislang verborgene Muster, Trends und Zusammenhänge identifiziert werden. Die so generierten Informationen können dabei einen wertvollen Beitrag zur Entscheidungsfindung und in Entscheidungsprozessen von Unternehmen und Behörden leisten (vgl. Grable & Lyons 2018, S. 17f). Der Begriff Big Data ist in der wissenschaftlichen Literatur allerdings nicht einheitlich abgegrenzt und definiert. Oftmals wird Big Data auch mit den sogenannten V-Eigenschaften charakterisiert, insbesondere mit den V-Eigenschaften Volume, Variety und Velocity. Die Eigenschaft Volume bezieht sich hierbei auf die ständig wachsende Menge an gesammelten, erzeugten und gespeicherten Daten. Variety bezeichnet hingegen den Umstand, dass die wachsende Datenmenge aus einer Vielzahl an unterschiedlichen Datenquellen hervorgeht, und dementsprechend Daten in vielen unterschiedlichen Formaten vorliegen können, z.B. Verkehrsdaten, Logdateien und Wetterdaten (vgl. Oswald et al. 2018, S. 16f). Die Eigenschaft Velocity bezieht sich auf die Geschwindigkeit, mit welcher die Datenmenge generiert, übertragen und entsprechend analysiert wird. Darüber hinaus bestehen neben diesen drei zentralen V-Eigenschaften noch weitere Eigenschaften, die sich eher auf die Datenverwendung beziehen und im Gegensatz zu den drei zentralen V-Anforderungen einen eher weniger technischen Hintergrund besitzen. Dementsprechend bezieht sich beispielsweise Veracity auf die Richtigkeit und Genauigkeit der vorliegenden Daten, weshalb Veracity z.B. bei Social-Media-Daten eine größere Bedeutung zukommt, da in solchen Datenquellen häufiger unrichtige bzw. unwahre Daten vorliegen können (vgl. Gandomi & Haider 2015, S. 138f).

Für die Bewältigung von großen Datenmenge im Kontext von Big Data existieren dabei verschiedene Konzepte und Technologien, die diesen V-Eigenschaften von Big Data begegnen sollen. NoSQL-Technologien können dabei ein wichtiger Bestandteil zur Bewältigung von großen Datenmengen im Kontext von Big Data sein, da sich NoSQL-Datenbanken bestens für parallele Infrastrukturen eignen, welche eine performante Verarbeitung von großen und komplexen Datenmengen ermöglichen. Neben NoSQL bestehen noch weitere Konzepte und Technologien, die dabei in einer Big-Data-Architektur je nach Anwendungsfall unterschiedlich kombiniert werden können (vgl. Dittmar 2016, S. 60-62). Ein weiteres Konzept für die Bewältigung der drei V-Eigenschaften von Big Data ist hierbei der Data Lake. Das Konzept des Data Lakes sieht dabei vor, sämtliche verschieden strukturierte Daten unabhängig von ihrer Menge zentral abzuspeichern, um zwischen Daten aus verschiedenen Systemen Zusammenhänge mittels Korrelation im Data Lake selbst identifizieren zu können, sodass diese Daten nicht direkt auf den Quellsystemen verknüpft und berührt werden müssen. Zur Realisierung von Data Lakes werden aufgrund der großen, komplexen Datenmenge häufig auch NoSQL-Datenbanken eingesetzt (vgl. Mathis 2017, S. 289-292).

Abb. 2: NoSQL im Kontext von Big Data

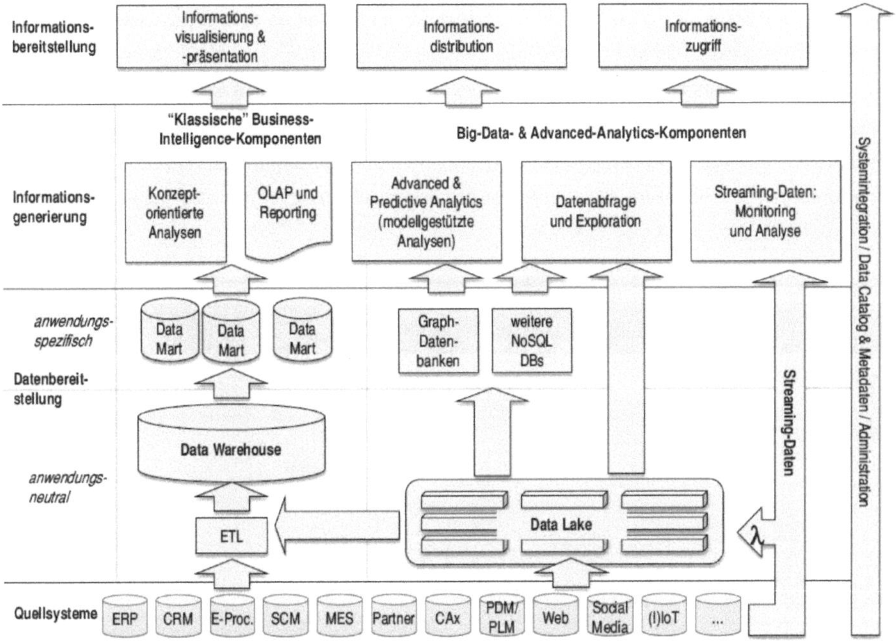

Quelle: Baars & Kemper 2021, S. 86

Wie in Abbildung zwei aufgezeigt wird, finden NoSQL-Systeme im Kontext von Big Data hauptsächlich in der Datenbereitstellung Anwendung. Auf NoSQL-Datenbanken können so insbesondere heterogen strukturierte Daten aus verschiedenen Quellsystemen abgespeichert werden, beispielsweise Daten von Social-Media-Plattformen oder auch Daten von IoT-Systemen. Je nach Anwendungsfall können die Daten dann auch in anwendungsspezifische NoSQL-Datenbanksysteme weitergeleitet werden. Im weiteren Verlauf können die abgespeicherten Daten dann in Big-Data und Advanced-Analytics-Komponenten zur Informationsgenerierung entsprechend analysiert und ausgewertet oder auch schlicht abgefragt werden.

3. Mögliche Anwendungsbereiche von NoSQL-Datenbanktypen

3.1 Key-Value Stores

Insgesamt existiert eine Vielzahl an NoSQL-Datenbanken, die je nach Anwendungsgebiet unterschiedlich aufgebaut sind und daher auch verschiedene Stärken und Schwächen aufweisen. Diese unterschiedlichen NoSQL-Datenbanken lassen sich dabei in verschiedene NoSQL-Datenbanktypen einordnen. Die NoSQL-Datenbanken werden hierbei in die vier NoSQL-Datenbanktypen Key-Value Stores, Document Stores, Wide-Column Stores und Graphdatenbanken unterschieden (vgl. Moniruzzaman & Hossain 2013, S. 3f). Bei Key-Value Stores handelt es sich um einfach strukturierte NoSQL-Datenbanken, die alle Daten mittels Schlüssel-Wert-Paaren speichern. Daher eignen sich Key-Value Stores besonders für parallele Datenverarbeitungen. Aufgrund dieser einfachen Strukturierung können auch bei großen Datenmengen einfache Operationen und Abfragen, z.B. Mengenoperationen und Aggregationen, schnell und performant durchgeführt werden. Komplexere Operationen und Abfragen sind hierbei allerdings nur eingeschränkt oder auch gar nicht möglich (vgl. Meier 2016, S. 420f).

Abb. 3: Beispiel für einen Key-Value Store

Kraftfahrzeug	
Schlüssel	**Wert**
AA1000500	Marke: Audi Modell: A4 Avant Farbe: rot Baujahr: 2018
AA1000501	Marke: Audi Modell: A4 Avant Farbe: grün Baujahr: 2019 Kraftstoffart: Diesel

Quelle: Eigene Darstellung in Anlehnung an: Moniruzzaman & Hossain 2013, S. 5

Wie aus Abbildung drei hervorgeht, können die Schlüssel alphanumerisch sein und die zugehörigen Werte jeweils auch ein komplexeres Datenobjekt umfassen. Das Datenobjekt kann dabei unterschiedliche Daten beinhalten. So umfasst in Abbildung drei das Schlüssel-Wert-Paar AA1000501 im Gegensatz zum Schlüssel-Wert-Paar AA1000500 auch eine Angabe über die Kraftstoffart. Textdateien können auf diese Weise allerdings nicht abgespeichert werden. Bei Key-Value Stores, z.B. bei NoSQL-Datenbanken wie Redis, Chordless, BigTable und Membase, liegt ein bedeutender Vorteil hingegen in ihrer enormen Skalierbarkeit. Aufgrund ihrer Schlüssel-Wert-Struktur lassen sich Key-Value Stores unkompliziert auf sehr viele Rechnerinstanzen verteilen und können auf diese Weise auch große Datenmengen performant verwalten. Daher finden Key-Value Stores in Bereichen mit hohem Datenaufkommen Anwendung, beispielsweise nutzen die Unternehmen Amazon, Google und Facebook ebenfalls Key-Value Stores für ihre großen Datenmengen (vgl. Edlich et al. 2011, S. 151f). Key-Value Stores können also überall dort eingesetzt werden, wo große, in einer Schlüssel-Wert-Struktur speicherbare Datenmengen anfallen, auf die mit einfacheren Abfragen und Operationen performant zugegriffen werden muss. Ein möglicher Anwendungsbereich ist beispielsweise ein Onlineshop, in welchem Bestelldaten bei einem hohen Bestellaufkommen in einem Key-Value Store performant und gut skalierbar verwaltet werden sollen. Bei komplexeren Abfragen oder auch bei der Verwaltung einer Vielzahl von unterschiedlichen Dokumentdateien sind Key-Value Stores hingegen ungeeignet.

3.2 Document Stores

Der NoSQL-Datenbanktyp Document Stores umfasst NoSQL-Datenbanken, die Daten in sogenannten Dokumenten abspeichern. Ein Dokument stellt in diesem Kontext keine Datei eines Textverarbeitungsprogrammes dar, sondern enthält eine semi-strukturierte Menge an Daten. NoSQL-Datenbanken der Kategorie Document Store weisen zudem kein für die Datenbank einheitliches Datenbankschema auf. Aufgrund dieser Schemafreiheit kann die Struktur eines jeden Dokuments in der Datenbank unterschiedlich sein (vgl. Edlich et al. 2011, S. 117-119). Dementsprechend genügt die Datenhaltung in solchen Datenbanken keiner Normalform zur Vermeidung von Redundanzen, sodass Informationen durchaus auch mehrfach und somit redundant, unsortiert und in verschiedenen Versionen vorliegen können. Die Dokumente werden dabei auf der Datenbank ähnlich den Key-Value Stores jeweils über ein Schlüsselattribut indiziert. Zudem können die Dokumente jeweils eine Vielzahl an verschiedenen Daten enthalten, die dort häufig in einem Standard-Datenaustauschformat wie dem XML-Format oder dem JSON-Format abgelegt sind (vgl. Freiknecht & Papp 2018, S. 199). Datenaustauschformate, z.B. das XML-Format (Extensible Markup Language), beschreiben dabei die Struktur der Dokumente und können aufgrund ihrer Beschaffenheit sowohl von Menschen als auch von Maschinen gelesen werden. Mittels geeigneten Transformationsregeln können zudem Daten eines speziellen XML-Formats in ein anderes XML-basiertes Format konvertiert werden. Die Daten in einem Dokument können mittels geeigneten Methoden und Abfragen gut durchsucht und ausgewertet werden (vgl. Kollmann 2020b, S. 163f).

Zu den Document Stores zählen beispielsweise die beiden NoSQL-Datenbanken MongoDB und CouchDB. Diese werden häufig dann verwendet, wenn dokumentenartige Texte verwaltet werden sollen, z.B. mittels Datenaustauschformaten wie XML, JSON und BSON (Binary JSON). Beispiele für dokumentenartige Texte sind hierbei Umfrageergebnisse, Beiträge in einem Online-Forum sowie E-Mails und Textdateien, die im Kontext von Unternehmens- und Institutionsprozessen entstehen können (vgl. Bach et al., S. 493-495; Moniruzzaman & Hossain 2013, S. 5f). Document Stores können also überall dort verwendet werden, wo große Datenmengen in Form von verschiedenen, dokumentenartigen Texten vorliegen und in semi-strukturierter Form speicherbar sind. Aufgrund der

Schemafreiheit und der Anwendung von Datenaustauschformaten wie XML und JSON können die abgespeicherten Dokumente so mittels geeigneten Abfrageinstrumenten gut durchsucht und ausgewertet werden. Ein möglicher Anwendungsbereich ist beispielsweise ein Umfrageportal, bei welchem die Antworten auf eine Umfrage in einem Dokument unter Anwendung des Datenaustauschformats XML verwaltet werden. Wenn bei der Datenhaltung Redundanzen vermieden werden sollen, dann sind Document Stores jedoch ungeeignet.

3.3 Wide-Column Stores

Wide-Column Stores umfassen NoSQL-Datenbanken, die Daten spaltenorientiert ablegen und bearbeiten. Im Gegensatz hierzu werden die Daten von relationalen Datenbanksystemen zeilenorientiert verwaltet. Beim Lesen einer Zelle greift ein relationales, zeilenorientiertes Datenbankmanagementsystem häufig auch auf mehrere Daten einer Zeile zu, die teilweise gar nicht genötigt werden. Im Gegensatz hierzu greift ein spaltenorientiertes DBMS nur auf die Zellen beim Lesevorgang zu, in denen die benötigten Daten abgespeichert sind (vgl. Edlich et al. 2011, S. 63f). Die Daten werden in Wide-Column Stores als Schlüssel-Wert-Paar abgespeichert, wobei der Schlüssel aus einem Zeilenidentifikator (row id), einem Spaltenbezeichner (column qualifier) und einem Zeitstempel (timestamp) besteht. Unterstützt das Datenbankmanagementsystem auch eine Zusammenfassung mehrerer Spalten zu Spaltenfamilien (column families), dann kann der Schlüssel auch zusätzlich den Spaltenfamiliennamen (column family name) enthalten. Mit der Benutzung von Zeitstempeln kann zudem eine Versionierung der Datensätze entsprechend konfiguriert werden. Im Gegensatz zu relationalen DBMS können bei Wide-Column Stores die Spalten für jede Zeile sowohl inhaltlich als auch von der Anzahl der Spalten her individuell definiert werden, was einen zentralen Unterschied zum relationalen Tabellenschema darstellt (vgl. Waage & Wiese 2016, S. 500f).

Wie in Abbildung vier ersichtlich ist, können Wide-Column Stores beispielsweise in Onlineshops angewendet werden, bei welchen Kundendaten in unterschiedlichem Umfang vorliegen. So liegen in Abbildung vier in der column family Kommunikation unterschiedliche Kommunikationsmöglichkeiten vor, da die Kunden neben ihrer E-Mailadresse zusätzlich entweder verschiedene Kommunikationsmöglichkeiten wie Festnetz-Telefonnummer und Mobilnummer auch nichts weiter angegeben haben. Anhand Abbildung vier wird zudem deutlich, dass die Anzahl der Spalten sowie die Spaltenbezeichner in jeder Zeile unterschiedlich sein können. Ein weiterer Vorteil von Wide-Column Stores sind performante Lesevorgänge von einzelnen Spalten. So werden beispielsweise für den Versand von Newslettern ggfs. nur die E-Mailadressen der Kunden benötigt, was von einem Wide-Column Store im Gegensatz zu einem relationalen DBMS performant bereitgestellt werden kann. Schreib- und Lesevorgänge von zusammengehörigen Spaltendaten in mehreren Spalten sind in Wide-Column Stores aufgrund der spaltenorientierten Struktur allerdings etwas aufwändiger (vgl. Edlich et al. 2011, S. 63). Bekannte NoSQL-Datenbanksysteme, die zu den Wide-Column Stores gezählt werden, sind beispielsweise, Apache HBase und Cassandra (vgl. Freiknecht & Papp 2018, S. 203f).

Abb. 4: Ausschnitt eines Wide-Column Stores am Beispiel eines Onlineshops

	Kundendaten			
row id	**column family name:** Kundenname		**column family name:** Kommunikation	[...]
9000500	Name: Becker timestamp: 20210302082000	Vorname: Martin timestamp: 20210302082000	E-Mail: martin.becker@muster.de timestamp: 20210302082000	[...]
9000501	Name: Keller timestamp: 20210415105009	Vorname: Udo timestamp: 20210415105009	E-Mail: udo.keller@muster.de timestamp: 20210415105009	Festnetz-Tel.Nr.: 07257/1345678 timestamp: 20210415105009	[...]
9000502	Name: Roller timestamp: 20210202083016	Vorname: Martina timestamp: 20210202083016	E-Mail: martina.roller@muster.de timestamp: 20210202083016	Mobilnummer: 0176 23571113 timestamp: 20210202083016	[...]

Quelle: Eigene Darstellung in Anlehnung an: Waage & Wiese 2016, S. 501

Wide-Column Stores eignen sich besonders für die Verwaltung großer Datenmengen, bei welchen auch Versionierungen eingesetzt werden sollen und bei welchen häufig nur Daten in einzelnen oder wenigen Spalten ausgelesen und bearbeitet werden müssen. Aufgrund ihrer guten, horizontalen Skalierbarkeit eigenen sich Wide-Column Stores auch für Anwendungsbereiche, in denen es des Öfteren zu Lastspitzen kommen kann und kostengünstige Hardware zum Einsatz kommen soll. Dementsprechend kann ein Wide-Column Store einen wichtigen, technischen Bestandteil beispielsweise in einem Onlineshop darstellen, um Lastspitzen in der Vorweihnachtszeit aufgrund des hohen Bestellaufkommens performant aufzufangen. Weniger geeignet sind Wide-Column Stores allerdings für Anwendungsbereiche, in welchen häufig zusammengehörige Daten aus verschiedenen Spalten bearbeitet werden müssten, beispielsweise bei Buchhaltungstransaktionen in einem ERP-System. Hierfür würde sich eher ein relationales DBMS eignen.

3.4 Graphdatenbanken

Graphdatenbanken sind NoSQL-Datenbanken, die insbesondere auf die Verwaltung von vernetzten Informationen ausgerichtet sind. Das Datenmodell von Graphdatenbanken enthält dabei mit Knoten und Kanten für Graphen typische Strukturen. Die Knoten und Kanten sind dabei häufig mit Attributen versehen und können daher unterschiedliche Eigenschaften aufweisen (vgl. Meier 2016, S. 423). Die Kanten verbinden die Knoten untereinander und beinhalten zudem Informationen über die Beziehung der verbundenen Knoten. Ein Server und ein Serverbetriebssystem können beispielsweise zwei Knoten sein, die mittels einer Kante verbunden sind. Die Kante enthält in diesem Beispiel die Beziehungsinformation, dass das Serverbetriebssystem auf dem Server installiert ist. Aufgrund dieser schemalosen Speicherung von Daten und Informationen können insbesondere eine Vielzahl an

11

Beziehungen zwischen den verschiedenen Knoten relativ unkompliziert verwaltet werden (vgl. Stiefel et al. 2016, S. 476f). Graphdatenbanken werden dementsprechend häufig in Bereichen angewendet, in welchen eine Vielzahl an Beziehungen zwischen unterschiedlichen Knoten vorhanden sind. Beispiele für Anwendungsbereiche von Graphdatenbanken sind hierbei Social Media, Empfehlungssysteme, Geoinformationssysteme und die Bioinformatik. Die gesuchten Informationen bestehen bei den Anwendungsbereichen von Graphdatenbanken dabei nicht nur aus einzelnen, zur Suchanfrage passenden Datensätzen, sondern insbesondere aus der Verknüpfung dieser Datensätze untereinander (vgl. Edlich et al. 2011, S. 207). Mittels spezieller Software können in Graphdatenbanken abgespeicherte Datensätze zudem visuell modelliert und somit auch vom Menschen besser nachvollzogen werden. Die Open-Source-Graphdatenbank Neo4j bietet hierfür beispielsweise eine zusätzliche Softwarelösung an. Ein weiterer Vorteil von Graphdatenbanken liegt in der performanten Verwaltung von Datensätzen und ihren Beziehungen untereinander, sofern hierbei viele Beziehungen verwaltet werden sollen (vgl. Freiknecht & Papp 2018, S. 199f). Graphdatenbanken eignen sich also vor allem dann, wenn die wirtschaftliche Nutzung vieler Beziehungsinformationen von Datensätzen im Vordergrund steht. Zudem eignen sich Graphdatenbanken aufgrund ihrer Schemalosigkeit auch für die performante Verwaltung großer Datenmengen von verschiedenen Relationen, welche in relationalen Datenbankmanagementsystemen aufwendiger und weniger performant zu verwalten wären. Für die Verwaltung von großen Datenmengen mit wenigen Beziehungen untereinander, z.B. klassische Lieferantendaten in einem Onlineshop, sind Graphdatenbanken hingegen weniger geeignet, da hierbei weniger Beziehungen vorhanden sind.

4. Schlussbetrachtung

NoSQL-Systeme sind im Wesentlichen alle Datenbanken, deren zugrundeliegendes Datenmodell nicht relational ist. Der Begriff NoSQL steht dabei für Not only SQL, wobei SQL wiederum für Structured Query Language steht. NoSQL-Datenbanken sollen eine performante Verwaltung von in großer Menge vorliegenden und heterogen strukturierten Daten ermöglichen. Dabei sollen NoSQL-Datenbanksysteme relationale Datenbanksysteme nicht verdrängen oder ersetzen, sondern eben insbesondere für große, unstrukturierte Datenmengen eine sinnvolle Lösung zur Verwaltung darstellen. Dementsprechend können durchaus sowohl relationale Datenbanksysteme als auch NoSQL-Datenbanksysteme in einer IT-Infrastruktur eingesetzt werden. NoSQL-Datenbanksysteme sind häufig horizontal skaliert, sodass eine parallelisierte Verwaltung und Verarbeitung der Datenmenge auf günstigen, leicht austauschbaren Servern erfolgen kann. Da NoSQL-Systeme bis auf wenige Ausnahmen eine hohe Verfügbarkeit und Ausfalltoleranz fordern, ist aufgrund des erwiesenen CAP-Theorems eine temporäre Lockerung der Anforderungen an die Konsistenz insbesondere während des Partitionierungsvorgangs von Datensätzen erforderlich. Dementsprechend sollte die temporäre Schwächung der Konsistenz nach Möglichkeit nur bei solchen Datenmengen angewendet werden, bei denen eine kurzzeitige Schwächung der Konsistenz keine schwerwiegenden Folgen hat. Daher sind Datenbanktransaktionen von NoSQL-Systemen häufig durch die etwas weniger strengeren BASE-

Eigenschaften charakterisiert, die im Gegensatz zu den ACID-Eigenschaften, die für relationale Datenbanktransaktionen charakteristisch sind, keinen umgehend konsistenten Zustand in Datenbanksystemen fordern. NoSQL-Systeme werden häufig im Kontext von Big Data verwendet, beispielsweise auch in Big-Data-Konzepten wie dem Data Lake. In einer Big-Data-Umgebung finden NoSQL-Systeme hauptsächlich in der Datenbereitstellung Anwendung. Hierbei werden insbesondere heterogen strukturierte Daten aus verschiedenen Quellsystemen performant verwaltet, sodass diese Daten im weiteren Verlauf von Big-Data- und Advanced-Analytics-Komponenten zur Informationsgenerierung entsprechend analysiert und ausgewertet werden können.

Die vielen verschiedenen NoSQL-Datenbanken lassen sich in die vier NoSQL-Datenbanktypen Key-Value Stores, Document Stores, Wide-Column Stores und Graphdatenbanken einordnen, welche eine Vielzahl an möglichen Anwendungsbereichen aufweisen. Bei Key-Value Stores handelt es sich um einfach strukturierte NoSQL-Datenbanken, die aufgrund einer Datenspeicherung mittels Schlüssel-Wert-Paaren gut horizontal skalierbar sind und somit auch große Datenmengen parallel und performant verarbeiten können. Dementsprechend eignen sich Key-Value Stores nicht für die Verwaltung von unterschiedlichen Dokumentdateien oder für komplexere Abfragen. Document Stores können hingegen semi-strukturierte Dokumente verwalten, in welchen verschiedene Daten gut durchsuchbar und auswertbar in Standard-Datenaustauschformaten wie XML und JSON abgelegt werden. Somit eignen sich Document Stores für die Verwaltung von großen und heterogenen Datenmengen, die in dokumentenartigen Texten vorliegen und in semi-strukturierter Form speicherbar sind. Sollen bei der Datenhaltung allerdings Redundanzen vermieden werden, dann sind Document Stores hierfür nicht geeignet. Im Gegensatz hierzu verwalten Wide-Column Stores Daten spaltenorientiert in Schlüssel-Wert-Paaren, wobei Anzahl und Inhalt der Spalten je Zeile teils deutlich variieren kann. Insbesondere bei der Auswertung von einer oder wenigen Spalten sind Wide-Column Stores deutlich performanter als relationale DBMS. Aufgrund ihrer guten, horizontalen Skalierbarkeit eigenen sich Wide-Column Stores besonders für die Verwaltung großer, heterogener Datenmengen, bei welchen häufig nur Daten in einzelnen oder wenigen Spalten ausgelesen und bearbeitet werden müssen sowie auch für Anwendungsbereiche, in denen häufig Lastspitzen zu erwarten sind. Sollen hingegen schwerpunktmäßig die Beziehungen zwischen Daten bzw. Datensätzen verwaltet werden, eignen sich hierfür insbesondere Graphdatenbanken. Die Daten werden hierbei als Knoten abgespeichert, wobei die Beziehungsinformationen zwischen den einzelnen Knoten in Form von Kanten abgelegt werden. Graphdatenbanken eignen sich also vor allem dann, wenn die wirtschaftliche Nutzung vieler Beziehungsinformationen von Datensätzen untereinander im Vordergrund steht. Insgesamt werden NoSQL-Datenbanken aufgrund ihrer vielfältigen Anwendungsmöglichkeiten und auch aufgrund der ständigen Zunahme der Datenmenge mit großer Wahrscheinlichkeit sowohl heute als auch in Zukunft bedeutende Bestandteile von IT-Infrastrukturen darstellen.

Literaturverzeichnis

Baars, H./ Kemper, H. (2021): *Business Intelligence & Analytics – Grundlagen und praktische Anwendungen. Ansätze der IT-basierten Entscheidungsunterstützung.* 4. Auflage, Springer Vieweg, Wiesbaden.

Bach, C. et al. (2016): *Dokumentenorientierte NoSQL-Datenbanken in skalierbaren Webanwendungen. Eine Analyse am Beispiel von MongoDB und der Webanwendung PINGO.* In: HMD Praxis der Wirtschaftsinformatik, 53. Jg., Heft 4, S. 486-498.

Bange, C. (2016): *Werkzeuge für analytische Informationssysteme.* In: Gluchowski, P./ Chamoni, P. (Hrsg.): Analytische Informationssysteme. Business Intelligence-Technologien und -Anwendungen. 5. Auflage, Springer-Gabler, Berlin, Heidelberg, S. 97-126.

Becker, W. et al. (2020): *Industrielle Digitalisierung. Entwicklungen und Strategien für mittelständische Unternehmen.* Springer-Gabler, Wiesbaden.

Brewer, E. (2012): *CAP twelve years later. How the "rules" have changed.* In: Computer - IEEE Computer Society, 45. Jg., Heft 2, S. 23-29.

Dittmar, C. (2016): *Die nächste Evolutionsstufe von AIS. Big Data.* In: Gluchowski, P./ Chamoni, P. (Hrsg.): Analytische Informationssysteme. Business Intelligence-Technologien und -Anwendungen. 5. Auflage, Springer-Gabler, Berlin, Heidelberg, S. 55-65.

Edlich, S. et al. (2011): *NoSQL. Einstieg in die Welt nichtrelationaler Web 2.0 Datenbanken.* 2. Auflage, Hanser, München.

Elmasri, R./ Navathe, S. (2017): *Fundamentals of database systems.* 7. Auflage, Pearson, Boston.

Freiknecht, N./ Papp, S. (2018): *Big Data in der Praxis. Lösungen mit Hadoop, Spark, HBase und Hive. Daten speichern, aufbereiten, visualisieren.* 2. Auflage, Hanser, München.

Gandomi, A./ Haider, M. (2015): *Beyond the hype. Big data concepts, methods, and analytics.* In: International Journal of Information Management, 35. Jg., Heft 5, S. 137-144.

Giebler, C. et al. (2020): *Data Lakes auf den Grund gegangen. Herausforderungen und For-schungslücken in der Industriepraxis.* In: Datenbank-Spektrum. Zeitschrift für Datenbanktechnologien und Information Retrieval. 20. Jg., Heft 1, S. 57-69.

Grable, J. E./ Lyons, A. C. (2018): *An Introduction to Big Data.* In: Journal of Financial Service Professionals, 72. Jg., Heft 5, S. 17-20.

Herrmann, F. (2018): *Datenorganisation und Datenbanken. Praxisorientierte Übungen mit MS Access 2016.* Springer Vieweg, Wiesbaden.

Kollmann, T. (2019): *E-Business. Grundlagen elektronischer Geschäftsprozesse in der Digitalen Wirtschaft.* 7. Auflage, Springer-Gabler, Wiesbaden.

Kollmann, T. (2020a): *Einführung in das E-Business.* In: Kollmann, T. (Hrsg.): Handbuch Digitale Wirtschaft. Springer-Gabler, Wiesbaden, S. 3-19.

Kollmann, T. (2020b): *Einführung in das E-Procurement.* In: Kollmann, T. (Hrsg.): Handbuch Digitale Wirtschaft. Springer-Gabler, Wiesbaden, S. 159-185.

Krcmar, H. (2015): *Informationsmanagement.*6. Auflage, Springer-Gabler, Berlin, Heidelberg.

Landrock, H./ Gadatsch, A. (2018): *Big Data im Gesundheitswesen kompakt. Konzepte, Lösungen, Visionen.* Springer Vieweg, Wiesbaden.

Lechtenbörger, J./ Vossen, G. (2016): *NoSQL, NewSQL, Map-Reduce und Hadoop.* In: Gluchowski, P./ Chamoni, P. (Hrsg.): Analytische Informationssysteme. Business Intelligence-Technologien und -Anwendungen. 5. Auflage, Springer-Gabler, Berlin, Heidelberg, S. 205-223.

Mathis, C. (2017): *Data Lakes.* In: Datenbank-Spektrum. Zeitschrift für Datenbanktechnologien und Information Retrieval. 17. Jg., Heft 3, S. 289-293.

Meier, A. (2016): *Zur Nutzung von SQL- und NoSQL-Technologien.* In: HMD Praxis der Wirtschaftsinformatik, 53. Jg., Heft 4, S. 415-427.

Moniruzzaman, A.B.M./ Hossain, S.A. (2013): *NoSQL Database. New Era of Databases for Big data Analytics - Classification, Characteristics and Comparison.* In: International Journal of Database Theory and Application, 6. Jg., Heft 4, S. 1-13.

Müller, O./ Fay, M./ vom Brocke, J. (2018): *The effect of big data and analytics on firm performance. An econometric analysis considering industry Characteristics.* In: Journal of Management Information Systems, 35. Jg., Heft 2, S. 488-509.

Oswald, G. et al. (2018): *Technologietrends in der digitalen Transformation.* In: Oswald, G./ Krcmar, H. (Hrsg.): Digitale Transformation. Fallbeispiele und Branchenanalysen. Springer-Gabler, Wiesbaden, S. 11-34.

Ron, A./ Shulman-Peleg, A./ Puzanov, A. (2016): *Analysis and Mitigation of NoSQL Injections.* In: IEEE Security & Privacy, 14. Jg., Heft 2, S. 30-39.

Singh, D./ Reddy, C. (2015): *A survey on platforms for big data analytics.* In: Journal of Big Data, 2. Jg., Heft 1, S. 1-20.

Stiefel, S. et al. (2016): *Graph-Datenbanken als Grundlage des Configuration Managements – Eine Untersuchung am Beispiel von Neo4J.* In: HMD Praxis der Wirtschaftsinformatik, 53. Jg., Heft 4, S. 470-485.

Vogels, W. (2009): *Eventually Consistent.* In: Communications of the ACM, 52. Jg, Heft 1, S. 40-44.

Volk, M./ Staegemann, D./ Turowski, K. (2020): *Big Data.* In: Kollmann, T. (Hrsg.): Handbuch Digitale Wirtschaft. Springer-Gabler, Wiesbaden, S. 1037-1053.

Waage, T./ Wiese, L. (2016): *Implementierung von kryptographischen Sicherheitsverfahren für Apache Cassandra und Apache Hbase.* In: HMD Praxis der Wirtschaftsinformatik, 53. Jg., Heft 4, S. 499-513.